happy culé

(el culé feliç)

Grup ROBIN BOOK
Barcelona - México
Buenos Aires

happy culé
(el culé feliç)

Un petit llibre que inspirarà i animarà
a tots els seguidors del Barça

Il·lustracions de Silvia van der Heijden,
Cristina Artigas i Iris Martínez

l'Arca

Amb l'esperit que guia el FC Barcelona, aquesta editorial destinarà una part dels guanys que corresponguin per drets d'autor a organitzacions benèfiques protectores de la infància.

Coordinadors de textos i il·lustracions: Manel Martínez Alsinet i Bàrbara Martínez Richling

Il·lustracions: Silvia van der Heijden, Cristina Artigas i Iris Martínez

Disseny de coberta i d'interior: Cifra (www.cifrabcn.com)

ISBN: 978-84-938426-7-3
Dipòsit legal: B-19.897-2.011

S.A. DE LITOGRAFIA, Ramon Casas, 2 cant. Torrent Vallmajor, 08911 Badalona (Barcelona)

Imprès a Espanya - *Printed in Spain*

Avís als lectors:
Segons el *Diccionari de la llengua catalana* del IEC, el "culer" és el simpatitzant o soci del FC Barcelona. No obstant, hi ha una utilització molt generalitzada i popular sense la "r" final. Donades les característiques d'aquest llibre hem considerat que era més adient utilitzar la paraula culer sense la "r".

Per tots aquells que estimen
el color blaugrana,
el fair-play i un món millor.

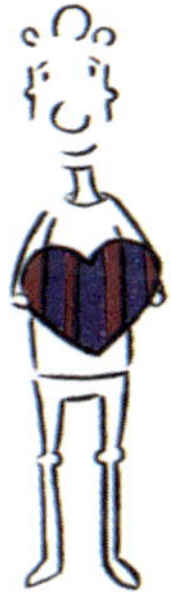

Recorda sempre
les teves arrels i els llocs
que et van donar la vida.

Tingues a prop
els símbols que estimes.

5

El cel és el límit,
esforçat per arribar-hi.

FCB

Estigues sempre preparat,
doncs en qualsevol moment
se't pot necessitar.

Destaca i mostra
el millor de tu.

Regala't temps
per assolir els teus objectius.

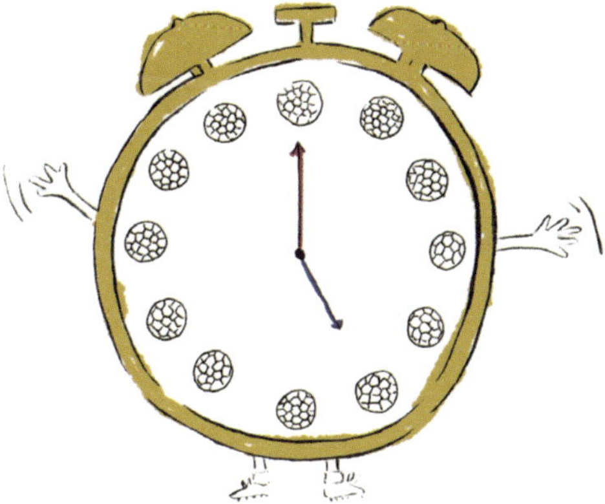

Mulla't, expressa
els teus sentiments.

No et comparis, ets únic.

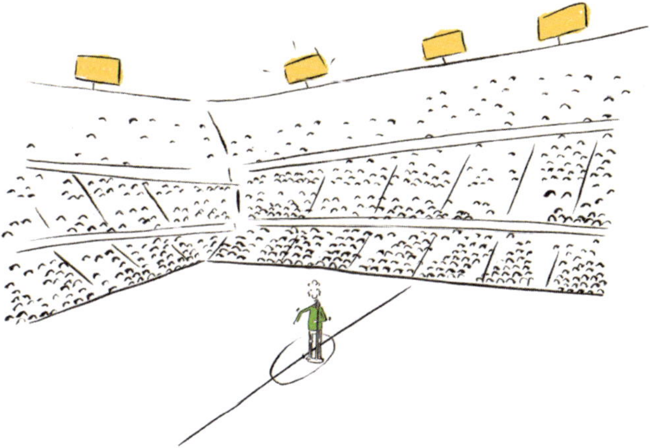

Converteix-te en el líder
que portes dins.

Tingues sempre un pla.

LA FÓRMULA DEL BARÇA
FB = 56/FCB gol (5/2) = cop (A)²
G = 28·6/√bcn + 2/11 (FCB)

Sigues solidari, ajuda els altres.

No desesperis, ho aconseguiràs.

Recorda que qualsevol nit
pot sortir el sol
en el nostre petit país.

No et conformis amb menys.

Entrega't en cos i ànima
perquè tothom ho sàpiga
i ho comparteixi.

SÓC CULÉ

Viu amb alegria
els grans moments.

VISCA EL BARÇA
I VISCA CATALUNYA

No et queixis, accepta el món tal com és.

¿POR QUÉ?
PERQUÈ SOM COLLONUTS, TIO!

Deixa't portar
pel teu esperit lluitador
i guanyaràs la cursa.

Sempre hi ha un pany
que es pot obrir.

Tingues referents
que et marquin el camí.

L3 - Zona Universitaria

Canta l'himne del club
per animar el teu equip
i per sentir-te millor.

Tingues un llibre d'estil
de la teva vida.

FORÇA
BARÇA

Sigues aquell bon xef
que sap barrejar els ingredients
per aconseguir l'harmonia.

No perdis el temps
en mitjans que persegueixen
la manipulació.

PUNTO
PELOTA

L'energia dels veterans
és un exemple pels més joves.

Exterioritza la teva alegria.

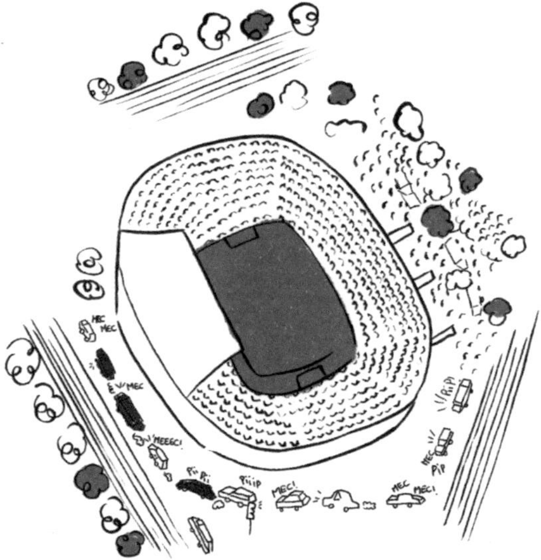
MEC MEC
MEC
MEEEC!
Pi Pi
Piiip
MEC!
MEC MEC!
MEC Pip
Pi Pi

Fes còmplices a les persones
que t'envolten.

Sempre hi haurà nous reptes.

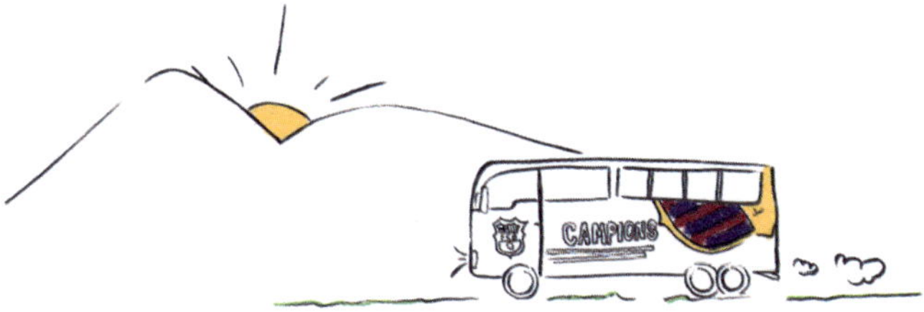
CAMPIONS

Exigeix-te més a tu mateix.

Motiva els altres.

EL CLUB
DEL
5-0

Busca temps per tu.

Mostra't tal com ets.

EL MEU CDR
ÉS DEL BARÇA

Viu cada partit com si fos l'últim.

Allibera't de les teves pors.

¿PEPEEE??

L'amor és meravellós
quan el teu equip guanya.
Gaudeix el moment.

Sigues valent,
intenta arribar allà
on mai havies arribat.

Sigues generós.

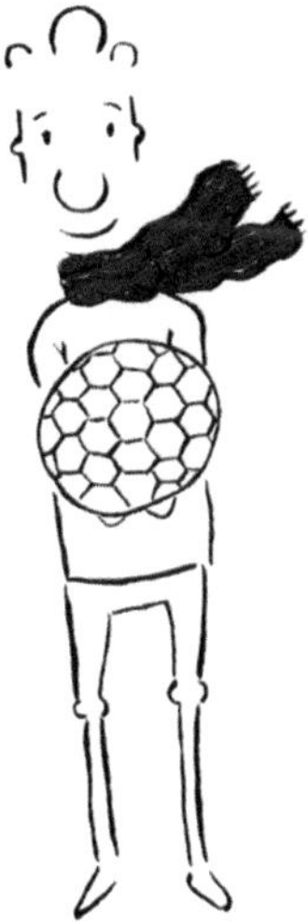

No oblidis que
els bons moments
s'han de viure amb intensitat.

Troba el lloc adient
per trobar-te amb els amics
i gaudeix.

Procura mantenir sempre
la ment i l'esperit actius
i motivats.

Celebra les grans victòries
amb qui estimes.

Esforçat per aconseguir
els teus èxits.

Anima la teva mascota
a compartir la teva passió.

Apassiona't i perd el cap
pel teu somni.

Canta, balla i gaudeix.

Sigues respectuós
i saluda sempre
el teu adversari.

En certs moments deixa que la passió sigui el més important.

Gaudiu com a parella
dels èxits.

unicef

Recorda aquells
que ens van fer triomfar.

KUBALA
1927-2002

Qui espera al final aconsegueix
el que es proposa.

Troba una música
que et motivi.

Fes de la meta
un desafiament.

CAP A WEMBLEY

Procura relaxar-te
sempre que puguis.

En el nostre equip
hi cabem tots.

Segueix les passes
d'aquells qui admires.

Fes que el teu fill aprengui
les teves qualitats i aficions.

Forma part d'un grup.

TROBADA DE PENYES
BARCELONISTES

Sigues amic dels teus amics,
i comparteix els valors comuns
per sempre més.

MOLT MÉS
QUE UN
CLUB
MOLT
MÉS

Per un moment oblideu
les preocupacions i reviviu
els moments feliços.

Participa-hi perquè
tot el camp sigui un clam.

T'ESTIMO
BARÇA